300, rue Léon-Joulin, 31101 Toulouse Cedex 9 France

Loi 49.956 du 16.07.1949
Dépôt légal : septembre 2007
ISBN : 978-2-7459-2850-4
Imprimé en France par Pollina, 85400 Luçon - n° L 44208B

LES GOÛTERS PHILO

BRIGITTE LABBÉ • MICHEL PUECH

LA FIERTÉ ET LA HONTE

ILLUSTRATIONS DE JACQUES AZAM

MILAN
jeunesse

Au menu de ton Goûter Philo

Ah ! La tomate ! La grosse patate !

Quand la maîtresse rend le devoir de Romane, elle montre la feuille à toute la classe pour expliquer qu'elle a enlevé 2 points à cause du soin.
Tout le monde découvre sur le devoir de Romane une énorme tache d'encre et plein de ratures.
Romane sent son visage devenir rouge, écarlate, elle a très chaud. Son voisin, le premier à avoir remarqué la couleur de Romane, commence à chantonner :
« Ah ! La tomate ! »
et toute la classe se met à chanter :
« Ah ! La tomate, la grosse patate... »
Romane est au bord des larmes.

La honte, on la ressent : on devient tout rouge, certains ont très chaud, d'autres ont les jambes qui tremblent, ou transpirent, sentent leurs yeux se remplir de larmes ou leur cœur battre très fort, parfois on ressent même tout cela à la fois.

Quand Cyril entend son nom au micro, il n'y croit pas, il ne bouge pas. « Cyril, Cyril, lève-toi, on vient de dire ton nom ! » lui dit son voisin en le poussant du coude. Cyril se lève et marche comme un somnambule vers le podium : il vient de gagner la médaille d'or de son club d'escrime. En montant sur la plus haute marche, ses jambes tremblent et il n'entend plus rien, à part les battements de son cœur.

La fierté, on la ressent : on peut aussi devenir rouge, se sentir chaud à l'intérieur, certains tremblent, pleurent, d'autres ont envie de rire, de sauter, de crier, parfois on ressent tout cela à la fois. La honte et la fierté sont des sentiments très forts, très violents.

La honte de ma vie

Exceptionnellement, aujourd'hui, la mère de Grégoire termine son travail plus tôt, elle court à l'école pour faire une surprise à son fils. Elle arrive juste à l'ouverture des portes et aperçoit Grégoire au milieu d'une bande de copains. Elle agite son écharpe pour qu'il la voie et crie :
« Grégochou, Poussinet d'amour, je suis là ! »
Grégoire se précipite vers elle sans dire salut à ses copains.
« Tu ne travailles pas aujourd'hui ?
– Si Bichou, mais je suis sortie plus tôt pour rentrer avec toi », lui répond sa mère en lui ébouriffant les cheveux. Grégoire fait

un bond en arrière et se retourne
pour voir si ses copains sont encore là.
Ils sont juste derrière lui,
avec les filles.
« Mais qu'est-ce que tu as, mon
Gros Doudou ? Tu as passé une mauvaise
journée ? demande sa mère
en lui remontant le col de son anorak.
– Non, non, viens, on rentre »,
répond Grégoire.
Sur le chemin du retour, sa mère se dit
qu'elle ne comprend rien :
Grégoire râle parce qu'elle
ne vient jamais le chercher
à l'école, et le jour où
elle vient, il a l'air furieux.

Grégoire n'est pas furieux de voir sa mère. Mais il a honte de ce que ses copains vont penser de lui. Demain, ça va être sa fête à l'école ! Il va les entendre, ses copains, l'appeler Grégochou, Poussinet d'amour, Bichou, Gros Doudou ! Et les filles qui ne vont pas se gêner pour lui caresser les cheveux en lui demandant sur un ton mielleux s'il a passé une mauvaise journée. Lui, Grégoire, le bagarreur, le plus fort de la cour, se faire traiter devant tout le monde de Gros Doudou. La honte !

À peine rentré chez lui, Grégoire a décroché le téléphone qui sonnait. « Allô, je voudrais parler à Poussinet d'amour, s'il vous plaît. » « Le calvaire commence... » a pensé Grégoire en raccrochant au nez de Karim, qu'il avait reconnu.

Nous avons honte quand les autres nous voient comme nous ne voulons pas qu'ils nous voient.

C'était mieux en maternelle

Marie et Inès sont en grande section de maternelle, elles discutent.
« Il fait quoi, ton papa, comme travail ? demande Marie à Inès.
– Ingénieur, annonce fièrement Inès, et le tien ?
– Camionneur », répond fièrement Marie.

Inès est fière de son papa qui construit des routes et des ponts. Il lui a montré des plans, ça avait l'air très compliqué, il y avait des traits dans tous les sens. Il lui a même promis de lui montrer le grand pont qu'il a construit au-dessus de la Loire.

Marie aussi est fière de son papa qui voyage dans toute l'Europe. Il lui envoie des cartes postales des pays qu'il traverse, il l'a même emmenée rouler avec lui sur l'autoroute, son camion est énorme, c'était génial d'être plus haut que toutes les voitures.

Huit ans plus tard, Marie est au collège, elle discute avec Max.
« Mon père est chef d'entreprise, et le tien, il fait quoi ? demande Max à Marie.
– Euh... Il est en train de changer de boulot. Viens vite, on va être en retard au cours d'histoire », répond Marie, gênée.

Marie n'ose pas parler du métier de son père à Max. Elle a peur, comme si Max allait avoir honte d'être ami avec la fille d'un chauffeur routier. En maternelle, Marie ne savait pas qu'il y avait des jugements sur les métiers, sur la quantité d'argent que l'on gagne, sur l'endroit où l'on habite, sur la taille de la maison, des jugements sur tout.
Ces jugements font naître de la honte ou de la fierté parce qu'ils font croire que si on gagne moins que les autres, on est un raté, que si on gagne plus, on est supérieur, que si on a une toute petite maison, on est moins bien que les

autres ; mais aussi que si on a une trop grande maison, on est un frimeur, que si on n'est pas chef, on est bête, que si on est chef, on est intelligent, ou prétentieux... Ces jugements sont comme des bonnes ou des mauvaises notes, distribuées par on ne sait quel grand maître. Difficile de se protéger contre ces fiertés et ces hontes que fait naître le regard des autres.

Sois fier de toi !

« Mais enfin, tu n'es pas fier de toi ? C'est fantastique d'avoir réussi cet examen ! »

« Je ne comprends pas que tu ne sois pas fier de toi. Oser prendre la parole en public comme ça, chapeau ! »

Comment être fier, quand on n'est pas fier ?

Tu devrais avoir honte !

« Tu devrais avoir honte
de te mettre en maillot de bain
avec tous tes kilos en trop. »
« Tu devrais avoir honte
d'avoir eu zéro à ton devoir
de maths. »

Comment avoir honte, si on n'a pas honte ?

La fierté et la honte ne se commandent pas : on les ressent ou on ne les ressent pas.
Pourtant, il y a des hontes stupides et des fiertés imbéciles. Ce sont souvent des hontes et des fiertés qu'on nous a dit de ressentir, qu'on nous a dressés à ressentir. C'est certain : on peut dresser des gens à la honte et à la fierté. Sinon, comment expliquer que des hommes soient fiers de tuer, comment expliquer que, dans certains pays, des femmes aient honte d'être des femmes ?
Nous pouvons avoir de fausses hontes et de fausses fiertés, nous pouvons croire

que ce sont de vrais sentiments, même quand ce sont des sentiments greffés, implantés en nous par d'autres. Des autres qui nous dressent à ressentir, pour nous manipuler.

T'es cap ?

Félix aimerait bien que Raoul soit son copain, mais Raoul ne joue jamais avec lui et depuis le début de l'année, il ne l'a pas invité une seule fois. C'est dur pour Félix, il se demande comment il peut gagner l'amitié de Raoul. « Lui faire des cadeaux ? Je n'ai pas assez d'argent de poche, se dit Félix. L'aider pour ses devoirs ? Il n'a pas besoin de moi, il est hyper fort. Lui prêter des jeux vidéo ? Il les a tous. » Félix se creuse la tête. « Je sais ! Il croit que je suis trouillard devant la maîtresse, je vais lui prouver que non, il ne va pas en revenir. » Alors, Félix devient un vrai chahuteur :

il lance des boulettes de papier dans le dos de la maîtresse, il n'arrête pas de parler, il refuse d'aller au tableau quand la maîtresse le lui demande, il balance des gros mots… Il est puni à toutes les récréations.

Tout ça pour gagner l'admiration de Raoul.

À chaque fois que Félix provoque la maîtresse, il lance un petit regard vers Raoul pour voir sa réaction. Raoul s'en est rendu compte. Un matin, dans la cour, Raoul appelle Félix. Félix se dit que son plan marche. « T'es cap d'aller tartiner le siège de la maîtresse avec de la moutarde ? » lui demande Raoul.

Félix veut que Raoul soit fier de lui. Quand Raoul a compris ce que cherche Félix, il décide de le manipuler, de lui lancer des défis. Pour l'instant, il ne lui demande que de tartiner un siège de moutarde… mais peut-être qu'un jour, il lui demandera des choses plus graves, et peut-être que Félix sera prêt à les faire. Raoul peut finir par contrôler totalement Félix.

Évidemment, c'est toujours agréable de sentir que les autres sont fiers de nous, comme c'est toujours désagréable de sentir que les autres ont honte de nous. Mais quelqu'un qui veut à tout prix que les autres soient fiers de lui, risque, comme Félix, de tomber sur des gens qui le manipulent.

Quelle mauviette !

Discussion à la sortie du collège :
« Le nouveau, tu vois qui c'est ? demande Romain à Emma.
– Oui, il s'appelle Victor, répond Emma.
– Tu ne trouves pas que c'est une vraie mauviette ?

– Pourquoi ? s'étonne Emma.
– Tu n'as pas vu dans la cour ? Yann n'arrêtait pas de lui balancer des vacheries, il l'a même poussé contre le mur et Victor n'a pas réagi, lui explique Romain.
– Tu sais, Yann est carrément baraqué.
– Quand même, moi, à la place de Victor, j'aurais la honte de me laisser traiter comme ça, et de ne pas savoir me défendre. »

Discussion le soir, chez Victor : Victor est au téléphone avec un copain de son ancien collège.

« C'est dingue ! Dans ce collège, il y en a un qui se la joue grosse terreur, il s'appelle Yann. Ce matin, il m'a cherché. Il m'a balancé des insultes, il me piquait mon

ballon de foot, il a même essayé
de me plaquer contre un mur.
– Tu l'as calmé ? » demande le copain, qui sait que Victor est champion cadet de boxe française de toute la région.
« Non, j'étais tellement énervé que je l'aurais explosé ! T'imagines, j'ai réussi à rester calme, je suis hyper fier.
– Mais les autres, ils t'ont vu ? Ils vont te prendre pour une mauviette. »

Le copain avec qui Victor parle au téléphone a raison, l'histoire a fait le tour du collège : on dit partout que Victor est une mauviette, qu'il devrait avoir honte de s'être laissé faire. Victor aurait pu, comme il dit, « exploser » Yann. Il serait devenu une vedette, tout le monde aurait été fier de lui. Mais Victor a eu le courage de ne pas s'occuper de l'image que les autres allaient avoir de lui.
Il faut du courage pour accepter de ne pas être admiré par tout le monde, il faut du courage pour agir sans s'occuper de ce genre de fierté et de honte par rapport aux autres.

Yann est trop calmé

De temps en temps, le prof de gymnastique demande aux élèves qui font du sport en dehors de l'école de faire une démonstration de leur spécialité. La dernière fois, Nora a montré un super-enchaînement de gymnastique rythmique. Cette semaine, c'est le tour de Victor, il a apporté ses gants de boxe. Comme le prof connaît un peu la boxe française, il a proposé à Victor de faire avec lui un petit combat devant la classe.

Le prof annonce :

« Victor a gagné 2 années de suite les championnats régionaux, nous avons l'honneur d'avoir dans notre collège le champion cadet de la région ! »

Puis il se tourne vers Victor :

« Vas-y doucement, c'est juste pour leur montrer. »

Depuis ce jour, Yann est calmé.

On imagine la fierté intérieure de Victor… et on voit bien la différence avec la fierté qu'il aurait retirée d'une bagarre contre Yann dans la cour.

Aïe, aïe, aïe : signal d'alarme

Si Julien pose sa main sur une plaque électrique sans s'en rendre compte, et que la plaque est allumée, personne n'a besoin de lui dire : « Julien, ta main est sur une plaque brûlante, retire-la vite ! »
C'est inutile, Julien retirera sa main immédiatement, en hurlant, parce qu'il se brûle, parce qu'il a mal.

La douleur de Julien est une alarme qui lui dit de retirer vite sa main. Si Julien ne ressentait pas cette douleur, sa main brûlerait complètement. La douleur est un signal qui nous prévient quand nous avons une maladie : si nous n'avions pas mal aux oreilles, nous ne saurions pas que nous avons une otite, nous n'irions pas nous faire soigner et nous risquerions de devenir sourds. Nous avons en nous une sensibilité à la douleur, et cette sensibilité nous protège, parce qu'elle nous prévient.

La fierté et la honte, comme la douleur, sont des signaux : la fierté est un signal agréable, une bouffée de bien-être, de plaisir ; la honte est un signal désagréable, un malaise, une gêne. Nous avons en nous une sensibilité à la fierté et à la honte, que l'on appelle une sensibilité morale, et cette sensibilité nous prévient de ce qui va, de ce qui ne va pas, elle nous fait sentir ce qui nous plaît en nous et ce qui nous déplaît en nous, elle nous fait découvrir des choses sur nous.

Marianne et Marianne

C'est bientôt la fête des Mères.
« Tiens, Marianne, je te donne 20 euros pour que tu choisisses un cadeau pour ta maman », lui dit son père.
Marianne sait exactement ce qu'elle veut acheter : un petit bracelet qu'elle a vu avec sa mère dans la vitrine de la parfumerie, sa mère l'avait trouvé très beau.
Marianne va donc directement à la parfumerie, et demande :
« Combien coûte ce bracelet, s'il vous plaît ?
– 20 euros », répond la vendeuse.
« Pile ce que j'ai », se dit Marianne.
« Je le prends. Est-ce que vous pouvez me faire un paquet-cadeau ? »
Pendant que la vendeuse commence à emballer le bracelet, Marianne aperçoit sur le comptoir une promotion pour un vernis à ongles couleur prune et un rouge à lèvres assorti. 15 euros les 2.
Marianne réfléchit. Prune, ce n'est pas la couleur préférée de sa mère, et des

rouges à lèvres, elle en a déjà beaucoup.
« Si je prends ça à la place du bracelet, il me restera 5 euros », se dit Marianne.
Finalement, elle se décide :
« Madame, excusez-moi, j'ai changé d'avis, je préfère le vernis et le rouge à lèvres en promotion. »
Marianne paie, prend le paquet-cadeau, et file avec la monnaie chez le marchand de journaux acheter son magazine préféré. Il lui reste encore 1 euro, elle passe à la boulangerie.
En rentrant, quand son père lui demande si elle a trouvé un cadeau et si elle a eu assez d'argent, elle cache le magazine sous sa veste et répond : « Pas de problème, j'ai eu juste assez. »
Le soir, Marianne se sent mal.

Personne ne sait et personne ne saura jamais que Marianne a pris une partie de l'argent du cadeau. Elle est la seule personne à connaître cette histoire, une histoire qui restera entre Marianne et Marianne. Et pourtant, le soir dans sa chambre, elle ressent de la honte.
La honte, ce n'est pas seulement un sentiment de gêne devant les autres. La honte, cela peut être aussi un sentiment de grand malaise devant soi-même. Cette honte-là, nous ressentons qu'elle est vraie, nous savons qu'elle nous dit quelque chose de vrai sur nous.

Patrick se plaît, Jérôme se déplaît

Patrick est dans le RER. Deux hommes montent dans la même rame que lui. Ils regardent autour d'eux et vont s'asseoir à côté d'une jeune femme, seule, en train de téléphoner sur son portable. Les 2 hommes parlent à la jeune femme, Patrick n'entend pas ce qu'ils disent, la jeune femme tourne la tête et ne leur répond pas. Les 2 types commencent à s'énerver, se rapprochent d'elle, la collent et lui arrachent son portable de l'oreille. Patrick voit que la jeune femme a l'air terrorisé. Il se lève, met sa main sur la sonnette d'alarme et dit d'une voix forte aux 2 hommes de rendre le portable et de déguerpir, sinon il déclenche l'alarme.

Patrick a eu peur, mais les 2 types sont descendus à la station suivante. Il est soulagé, mais surtout il sent qu'il a fait ce qu'il fallait faire.

Les sentiments de fierté sont des moments où nous nous surprenons nous-mêmes, des moments pendant lesquels nous voyons quelque chose en nous qui nous plaît.

Jérôme était dans le même wagon. Il a tout vu et s'est caché derrière son journal.

Quand les 2 types sont descendus, Jérôme se sentait très mal à l'aise.
Les sentiments de honte sont des moments où nous nous décevons nous-mêmes, des moments pendant lesquels nous voyons quelque chose en nous qui nous déplaît.

Patrick, Jérôme et Marianne ont tous les 3 la même qualité : une sensibilité morale, qui leur permet de faire des choix. Patrick se sent bien avec lui-même, et cela l'encourage sans doute à rester concerné par les autres. Jérôme se sent mal avec lui-même, et cela l'encourage sans doute à se demander s'il veut rester indifférent aux autres, ou s'il veut changer. Marianne se pose certainement des questions, elle aussi...

Au fond du placard

Ludovic a volé un jeu électronique dans un supermarché. Il passe ses journées à jouer avec, il est super content. Il a dit à ses parents qu'il l'avait emprunté à un copain.

Pas de problème : Ludovic a ce qu'il veut, il ne s'est pas fait prendre, pas de punition, il n'a que le plaisir de jouer.

Étienne a volé un jeu électronique dans un supermarché. Il joue avec, mais il se sent de plus en plus gêné, même s'il a dit à ses parents que c'était un copain qui le lui avait prêté. Hier, il a lancé le jeu au fond de son placard pour ne plus le voir.

Problème : Étienne se sent mal, pourtant, il ne s'est pas fait prendre non plus, pas de punition, rien.
La différence entre Ludovic et Étienne, c'est la honte : Ludovic ne ressent aucune honte, Étienne, si.
Qui préférerions-nous être : Ludovic ou Étienne ? Le voleur sans honte ou le voleur avec honte ?
En répondant vite, on peut dire que l'on préfère être Ludovic, sans honte, parce que après tout, une fois que le mal est fait, autant avoir du plaisir.
Mais ensuite, on peut comprendre pourquoi la honte d'Étienne est importante : cette honte le dérange, elle lui donne une image de lui avec laquelle il se sent mal, elle lui dit quelque chose du genre :
« *Étienne le voleur me dérange, je ne me sens pas bien avec ce type.* »
Sa honte a créé en lui un déclic, elle lui a permis de penser à ce qu'il a fait, de se poser des questions, de se remettre en cause.

Qu'est-ce que je vais penser de moi ?

« Je fais semblant d'avoir mal au ventre au moment de débarrasser la table, ou pas ? »

« J'apporte ses devoirs à Clémence qui a raté l'école, ou pas ? »

« Je préviens Antonin qu'il y a un contrôle demain, ou je le laisse oublier pour qu'il se plante ? »

« Je monte les 7 étages à pied pour dire à Georgette que les phares de sa voiture sont restés allumés, ou pas ? »

Se décider, savoir ce qu'il faut faire, savoir ce qu'il ne faut pas faire n'est pas toujours facile. Il arrive que l'on réfléchisse des heures : on trouve des raisons de faire, des raisons de ne pas faire, ou on ne trouve rien du tout.

« Aucune raison de prévenir Georgette pour ses phares, je ne suis pas responsable si sa voiture ne démarre pas demain matin ; mais c'est embêtant pour elle, elle sera en retard à son travail. Je suis crevé, 7 étages, j'ai la flemme, si j'avais son numéro de téléphone, évidemment je la préviendrais. Ah ! Je ne sais pas quoi faire ! »

Mais souvent, quand on ne sait pas, on sent.

« Je ne sais pas quoi faire, mais je sens que j'aurai honte si je ne le fais pas, et je sens que je serai assez fier de moi si je le fais. »

La fierté et la honte sont des sentiments qui nous aident à nous décider : « *Si je fais cela, qu'est-ce que je vais penser de moi ? Je serai fier de moi ou j'aurai honte de moi ?* » « *Si je ne fais pas cela, qu'est-ce que je vais penser de moi ? Je serai fier de moi ou j'aurai honte de moi ?* »

Jamais honte = grand danger

Jean Talier rentre chez lui, sa femme le trouve tout bizarre.

« Qu'est-ce qui t'est arrivé ?

– J'ai eu une de ces peurs ! J'ai brûlé un feu rouge sans faire exprès et j'ai renversé un piéton.

– Quoi ? Il a été blessé ?

– Je ne sais pas.

– Comment, tu ne sais pas ? Qu'est-ce que ça veut dire ?

– Je ne sais pas, point. Tu penses bien que je ne me suis pas arrêté ! Un truc comme ça, si tu te fais prendre par la police, tu peux dire adieu à ton permis de conduire.

– Ton permis, ton permis, mais on s'en fout ! Et le piéton, qui l'a secouru, qu'est-ce qu'il est devenu ?
– Calme-toi, on n'était pas en plein désert, il y a sûrement des gens qui sont venus l'aider. J'espère seulement que personne n'a eu le temps de noter mon numéro de plaque d'immatriculation.
– Mais tu n'as pas appelé les pompiers, tu n'as pas fait demi-tour pour l'emmener à l'hôpital ? Tu es un monstre, c'est une honte !
– Honte ? Quelle honte ? Je te dis que je ne l'ai pas brûlé exprès, ce feu. Et le piéton, il s'en sortira, le choc n'était pas si violent, j'ai vérifié, ma voiture n'a même pas de bosse. »

Jean Talier est un handicapé de la honte. Il lui manque une chose que les humains ont normalement en eux : la possibilité de ressentir de la honte. Sans possibilité de ressentir de la honte, Jean Talier peut tranquillement devenir une brute, un monstre, devenir inhumain.

Jean, à l'hôpital

Le piéton que Jean a renversé n'a eu que des bleus, et très peur. La police a retrouvé Jean. On lui a retiré son permis de conduire, il a eu une grosse amende, mais il a aussi été condamné à travailler une semaine dans un hôpital où sont soignés les grands blessés de la route. Quand Jean est arrivé à l'hôpital, il a eu carrément honte de lui : il a découvert le genre de drame dont il aurait pu être responsable.

Dans cet hôpital, Jean ressent de la honte. Le but n'est pas de l'humilier, de lui dire

qu'il est un monstre. Le but est de l'aider à ressentir quelque chose en lui, de l'aider à réveiller sa sensibilité.

Tout le monde a une sensibilité morale, mais tout le monde peut la laisser s'endormir, pour vivre plus tranquillement, sans se poser de questions, sans regrets, sans remords.

Les parents essaient d'éduquer le goût de leurs enfants en leur faisant essayer différents aliments. Ils veulent aussi éveiller leur goût pour la peinture, pour la lecture, pour la musique, pour le sport, pour beaucoup de choses. Ils ont aussi la responsabilité d'aider les enfants à développer leur sensibilité morale. De les aider à écouter leur fierté, à écouter leur honte.

Aider les autres à développer leur sensibilité morale, ne pas les laisser s'endurcir, c'est croire que tous les humains ont cette sensibilité en eux, et que personne n'est programmé pour devenir une brute ou un monstre.

Hip, hip, hip ! hourra !

Sébastien jette sa raquette en l'air
et envoie des baisers au public.
C'est le premier grand tournoi de tennis
qu'il gagne, il a bien joué, mais surtout,
il s'est senti encouragé comme jamais :
à chaque point qu'il gagnait, tout
le monde se levait et tapait des pieds,
ils ont même fait une ola d'enfer,
l'arbitre a eu du mal à obtenir le calme.
Sébastien ne sentait plus sa fatigue !

Le public a donné à Sébastien une incroyable énergie ! Quand on est encouragé, quand les autres croient qu'on va réussir, pas de doute, on a plus de chances de réussir, on a plus confiance en soi. Tous les joueurs, toutes les équipes le disent, c'est mieux d'avoir des supporters, des bons supporters. Un bon supporter

applaudit, mais il siffle aussi : il est là pour dire quand ça va, et pour dire quand ça déraille.
Si un supporter est toujours admiratif, incapable de voir les défauts, il fait croire aux joueurs qu'ils sont des dieux, il ne les encourage pas à s'améliorer. Et c'est même un supporter dangereux : du jour au lendemain, il risque de penser le contraire et de les trouver tous nuls.
Pareil : un supporter toujours mécontent, toujours négatif, incapable de voir les qualités, c'est un supporter qui enfonce ceux qu'il devrait aider, il devient leur adversaire.
Quand on est fier de soi pour de bonnes raisons, c'est comme si on avait un bon supporter à l'intérieur de soi, un supporter qui nous donne de la force, de l'énergie.

Maximus plane, Minus s'enfonce

« Tout ce que je fais est génial, je suis le plus beau, le plus intelligent, le plus fort, je suis un dieu… » (Maximus)

Maximus ne touche plus terre, sa fierté le fait planer. Il ne se voit plus tel qu'il est, il se voit en roi, roi de son monde, un monde à lui dans lequel il avance en ignorant tous les autres.

« Tout ce que je fais est nul, je suis moche, bête, faible, je suis un raté… » (Minus)

Minus est sous terre, sa honte l'enfonce. Il ne se voit plus tel qu'il est, il se voit comme un déchet, une ombre dans un monde où il ne mérite pas d'exister ; il rase les murs, il veut être ignoré des autres. Maximus et Minus ont en eux de mauvais supporters. L'excès de fierté et l'excès de honte nous éloignent de nous… et des autres.

Lucie est débranchée

Lucie est une comédienne très connue, elle joue tous les soirs dans un grand théâtre. À la fin de la pièce, quand elle vient saluer le public et que les applaudissements se déchaînent, quand le public se lève, fait des rappels, et qu'elle doit revenir saluer, c'est le grand bonheur. À ce moment-là, elle est vraiment fière d'elle. Mais dans la journée, elle ne

se sent pas heureuse, il n'y a vraiment que sur scène qu'elle se sent bien. Et le pire, c'est quand elle ne joue pas. Alors là, c'est la grosse déprime. Elle a du mal à se lever, elle traîne, elle n'a plus aucune énergie.

Lucie est une handicapée de la fierté : pour se sentir fière d'elle-même, elle doit être branchée sur les autres. Quand plus personne ne l'admire, quand les lumières s'éteignent, Lucie s'éteint aussi, elle est débranchée.
Pourtant, sa fierté pourrait aussi venir du sentiment du travail bien fait, de la joie de dire de beaux textes, du plaisir qu'elle donne aux spectateurs, du bonheur d'avoir réussi à faire ce métier. Tout cela durerait, même après les représentations. Si Lucie se branchait sur elle-même, si elle pouvait être fière par rapport à elle-même, elle ne tomberait pas en panne.

Victoire !

« Je suis fier de moi, j'ai réussi à dire à Charlène que j'étais amoureux d'elle. »
« Je suis fière de moi, j'ai osé réciter ma récitation devant toute la classe, et même en mettant le ton. »
« Je suis fier de moi, j'ai eu le courage de plonger du plus haut plongeoir de la piscine. »
« Je suis fier de moi, j'ai dit à mon patron ce qui n'allait pas dans mon travail, sans m'énerver. »

Ces fiertés sont des signes de victoire, elles sont le signe qu'on a osé, persévéré, réussi, le signe qu'on a eu du courage. En s'accumulant, elles construisent quelqu'un que l'on aime bien, quelqu'un avec qui on se sent bien : soi-même.
Tant mieux si nous pouvons partager ces moments de victoire avec les autres, avec nos amis, avec nos parents. Tant mieux si les autres se réjouissent avec nous.

Mais même si personne ne les voit, même si personne ne les connaît, ces fiertés nous donnent une grande force, elles nous rechargent en énergie, continuellement. Comme une source d'énergie, toujours présente, sur laquelle nous restons branchés en permanence.

Brigitte Labbé est écrivain. Michel Puech est maître de conférences en philosophie à la Sorbonne. Jacques Azam illustre tous les « Goûters Philo » et signe également des BD chez Milan.

DANS LA MÊME COLLECTION

De Brigitte Labbé et Michel Puech

1. La vie et la mort (CD)
2. La guerre et la paix (CD)
3. Les dieux et Dieu
4. Le travail et l'argent
5. Prendre son temps et perdre son temps (CD)
6. Pour de vrai et pour de faux
7. Les garçons et les filles (CD)
8. Le bien et le mal (CD)
9. La justice et l'injustice (CD)
10. Ce qu'on sait et ce qu'on ne sait pas
11. Les chefs et les autres
12. Les petits et les grands
13. Libre et pas libre
14. Le bonheur et le malheur
15. La nature et la pollution
16. La fierté et la honte
17. L'être et l'apparence
18. La violence et la non-violence
19. La beauté et la laideur
20. Le rire et les larmes
21. Le courage et la peur
22. Le succès et l'échec
23. L'amour et l'amitié
24. Le respect et le mépris
25. La parole et le silence

De Brigitte Labbé et P.-F. Dupont-Beurier

26. Le corps et l'esprit
27. D'accord et pas d'accord
28. La mémoire et l'oubli
29. L'homme et l'animal

(CD) *Existe aussi en CD*

Quelquefois, on se retrouve entre amis, à deux, à trois ou plus, pour regarder un film, faire un jeu, préparer un exposé ou simplement écouter de la musique. Ou bien on est là, ensemble, sans rien faire de spécial. Et il arrive que la conversation démarre, sur un sujet qui intéresse tout le monde.

MON CAHIER GOÛTER PHILO

Sans s'en rendre compte, on se lance dans de grandes discussions sur les parents, les professeurs, les amis, sur l'amour, la guerre, la honte, l'injustice… On refait le monde ! Et le soir, quand on se retrouve seul, on y repense.

C'était vraiment bien de pouvoir parler de tout ça, même si parfois, on est furieux parce qu'on n'est pas du tout d'accord avec ce que les autres disent, ou parce qu'il y en a qui veulent tout le temps parler et n'écoutent rien.

UN VRAI
GOÛTER PHILO

Mais alors ! Si c'était bien, pourquoi ne pas organiser des débats, des discussions, sur un sujet qu'on choisirait ensemble ? À la maison, chez des amis ou, pourquoi pas, à l'école ?

Alors voici quelques trucs pour réussir un vrai « goûter philo » :

- Il vaut mieux ne pas être plus de 10 personnes.

- Évidemment, il faut un bon goûter, à boire et à manger !

- C'est bien d'être assis par terre... On peut s'installer comme on veut, on parle plus librement ! Et on peut mettre le goûter au milieu du cercle...

- Quelqu'un est chargé de proposer plusieurs sujets. Sauf si tout le monde s'est déjà mis d'accord pour parler de quelque chose de précis.

UN VRAI GOÛTER PHILO

Chacun réfléchit pour décider quel sujet il préfère, sans rien dire aux autres pour ne pas les influencer.

Quand tout le monde a choisi, on vote pour le sujet dont on a le plus envie de parler. Attention : un seul vote par personne.

Le sujet qui a le plus de voix gagne : c'est de cela qu'on va parler aujourd'hui.

Les autres trucs, pour réussir à s'écouter, pour ne pas s'agresser, pour accepter les idées différentes des siennes, pour laisser parler tout le monde, ces autres trucs, vous les trouverez vite vous-mêmes !

C'est parti ! Donnez-vous une heure. Mais après tout, vous pouvez aussi y passer la journée !

UN VRAI GOÛTER PHILO SUR LA FIERTÉ ET LA HONTE

Les jus de fruits et les gâteaux sont là, le sujet aussi : aujourd'hui, vous avez choisi « La fierté et la honte ». Si la discussion a du mal à démarrer – cela arrive quelquefois, on se regarde tous et personne ne sait quoi dire ! –, voici quelques pistes pour lancer le débat :

- Nous est-il déjà arrivé d'avoir honte devant toute la classe, comme Romane, page 7, ou comme Grégoire page 9 ? Qu'avons-nous ressenti ?

- Qui a déjà eu honte de ses parents, comme Marie au collège, page 13 ? D'où venait cette honte ?

- Pourquoi dit-on que Victor, page 20, a du courage ?

- Quel est le problème de Jean Talier, pages 33 et 34 ? Et celui de Lucie, pages 40 et 41 ?

UN VRAI GOÛTER PHILO
SUR LA FIERTÉ ET LA HONTE

Pour s'aider, on peut naviguer comme cela dans le livre. Quelqu'un lit tout haut un passage, ou une des petites histoires. Cela fait penser à des histoires qui nous sont arrivées ou sont arrivées à d'autres, on les raconte et on essaie, ensemble, de comprendre ce qu'elles veulent dire.

On peut aussi se poser des questions, et en poser aux autres. Et chercher ensemble des réponses… ou bien se rendre compte que, quelquefois, on ne trouve pas de réponse : derrière une question, il s'en cache une autre, et encore une autre, et encore une autre…

En voici quelques-unes, en vrac… de quoi s'occuper des heures !

« *Quand a-t-on honte, à quels moments ?* » ; « *Et quand ressent-on de la fierté ?* » ; « *Avoir honte sert-il à quelque chose ?* » ; « *Que se passe-t-il si on n'a jamais honte ?* » ; « *Et si on est tout le temps fier de soi, comment devient-on ?* » ; « *Est-ce important d'être fier de soi ?* » ; « *Peut-on nous obliger à avoir honte ou à être fier ?* »…

À vous de jouer ! À vous de goûter !
À vous de philosopher !

MES IDÉES...

... MES HISTOIRES

MES IDÉES...

... MES HISTOIRES